BEI GRIN MACHT SICH IHR WISSEN BEZAHLT

- Wir veröffentlichen Ihre Hausarbeit, Bachelor- und Masterarbeit

- Ihr eigenes eBook und Buch - weltweit in allen wichtigen Shops

- Verdienen Sie an jedem Verkauf

Jetzt bei www.GRIN.com hochladen und kostenlos publizieren

Bibliografische Information der Deutschen Nationalbibliothek:

Die Deutsche Bibliothek verzeichnet diese Publikation in der Deutschen National-
bibliografie; detaillierte bibliografische Daten sind im Internet über http://dnb.d-
nb.de/ abrufbar.

Impressum:

Copyright © 2017 GRIN Verlag, Open Publishing GmbH
Druck und Bindung: Books on Demand GmbH, Norderstedt Germany
ISBN: 9783668503748

Dieses Buch bei GRIN:

http://www.grin.com/de/e-book/372032/turkestanische-visionen-und-die-mullah-
schule-dresden

Cornelia Lein

Turkestanische Visionen und die Mullahschule Dresden

GRIN Verlag

Turkestanische Visionen und die Mullahschule Dresden

Einleitung

Während des Zweiten Weltkrieges erstreckte sich die Region Turkestan in der Sowjetunion über die Sowjetrepubliken Kazachstan, Turkmenistan, Tadžikistan, Uzbekistan und Kirgistan, entlang der Südgrenze des sowjetischen Imperiums. Obgleich das Gebiet niemals unter direkter deutscher Herrschaft stand, spielte es eine nicht unwesentliche Rolle in den Überlegungen einzelner weniger Vertreter des nationalsozialistischen Deutschlands. Ob gleichsam von einer „turkestanischen Strategie" gesprochen werden kann, bleibt im folgenden Aufsatz zu untersuchen. Stellten die Visionen zur Gründung eines turkestanischen Nationalstaates und dessen deutsche Unterstützung lediglich Planspiele dar oder waren damit handfeste deutsche Interessen verknüpft? Welche Rolle spielte zudem der Islam bei der Abwehr des Bolschewismus und einer dem Nationalsozialismus entgegengesetzten Weltanschauung? War Deutschland überhaupt in der Position, um Weltpolitik dieses Maßstabes an der Schnittstelle von Imperien zu betreiben? Zudem stellt sich die Frage, ob die 1944 in Dresden gegründete „Arbeitsgemeinschaft Turkestan e.V." und die ihr anhängende Mullahschule hilfreich auf dem Weg war, einen turkestanischen Nationalstaat ins Leben zu rufen.

Trotz der Tatsache, dass die Ostlegionen[1] und der Nationalismus sowjetischer Orientvölker[2] während des Zweiten Weltkrieges in der älteren Forschung wissenschaftlich untersucht worden sind, stellt die Frage einer turkestanischen Nationalstaatsgründung und deren Rolle für die deutsche Kriegszielplanung im Osten und für die politische Strategie des nationalsozialistischen Deutschlands ein Desiderat der Forschung dar. Ähnlich spärlich sind nicht zuletzt wegen der Quellenlage Beiträge zur Dresdner Mullahschule und der Frage der Instrumentalisierung des Islams auf dem Weg zu einem beabsichtigten turkestanischen Nationalstaat.

Turkestan

„Durch die politische Grenze ist das geographische Turkestan zur Zeit staatspolitisch aufgeteilt in vier souveräne Staaten: das *iranische* Turkestan umfaßt die Provinz Gorgan sowie die östlichen Randländer der Provinz Chorassan, das *afghanische* die Provinzen nördlich des Hindukusch sowie unter Umständen das Gebiet von Herat, das *chinesische* die

---

[1] Vgl. Joachim Hoffmann, Die Ostlegionen 1941-1943. Turkotataren, Kaukasier und Wolgafinnen im deutschen Heer, Freiburg 1976.
[2] Vgl. Patrick von zur Mühlen, Zwischen Hakenkreuz und Sowjetstern. Der Nationalismus der sowjetischen Orientvölker im Zweiten Weltkrieg, Düsseldorf 1971.

Provinz Sinkiang [Xinjiang] und das *russische* Turkestan die Scheinrepubliken des Rätebundes: Turkmenistan, Usbekistan, Tadžikistan, Kirgistan; außerdem zum mindesten auch den südlichen Streifen von Kazachstan."[3] Obgleich im vorliegenden Aufsatz die Gebiete des „russischen Turkestans" bzw. die mittlerweile historischen sowjetischen Unionsrepubliken – Turkmenistan, Usbekistan, Tadžikistan, Kirgistan und der südliche Teil Kazachstans - in den Mittelpunkt des Interesses gestellt werden sollen, lohnt es sich, einen Blick auf den o.g. Großraum insgesamt zu werfen. So besaß die geographische Region Turkestans in der Sowjetunion mit seinen Verbindungswegen nach Iran, Afghanistan und China ähnlich außerordentliches strategisches Gewicht wie der Kaukasus. Die politische Großwetterlage während des Zweiten Weltkrieges war gekennzeichnet durch den englisch/britischen-russischen/sowjetischen Gegensatz in Zentralasien (und den von England benötigten Verbindungswegen nach Indien), den nationalen Bestrebungen der indigenen Völkerschaften, ihr Geschick unabhängig von beiden Mächten zu gestalten und der Baumwollfrage mit ihrer wirtschaftlichen und machtpolitischen Relevanz für die Sowjetunion.[4] Dabei gelang es England trotz zeitweiliger Präsenz in der Vergangenheit nie, in Turkestan Fuß zu fassen. Inwieweit ein sowjetisch-japanischer Antagonismus gerade während des Zweiten Weltkrieges die Geschicke Turkestans mitbeeinflusste, ist unter den Zeitgenossen bereits umstritten gewesen.[5] Die Mandschurei gehörte zum japanischen Einflussbereich. Im benachbarten China hatte vor Beginn des Zweiten Weltkrieges der Bürgerkrieg getobt, der nur durch ein Stillhalteabkommen während des zweiten japanisch-chinesischen Krieges unterbrochen worden war und nicht über die unüberwindbaren Gegensätze der Streitparteien im Land selber hinwegtäuschen konnte.

1930/31 war die Turkestano-Sibirische Eisenbahn fertiggestellt worden. Weitere Eisenbahnlinien waren die Aschchabad- und Taschkenterbahn. Für die sowjetische Wirtschaft selber waren die Erdöl-, Kohle- und Buntmetallvorkommen Turkestans, die dortige Fleisch- und Butterproduktion sowie die Gewinnung von Baumwolle und Seide bedeutend. Während des Krieges „wurde Turkestan neben dem Uralgebiet und Sibirien ein Zentrum der sowjetischen Kriegsindustrie"[6].

---

[3] Reiner Olzscha/ Georg Cleinow, Turkestan. Die politisch-historischen und wirtschaftlichen Probleme Zentralasiens, Leipzig 1942, S.10. Übersichtskarte von Turkestan aus dem Jahre 1942 siehe Volker Koop, Hitlers Muslime. Die Geschichte einer unheiligen Allianz, Berlin 2012, S.96f.
[4] Vgl. Reiner Olzscha/ Georg Cleinow, Turkestan, S.138.
[5] Vgl. H. Manzooruddin Ahmad, Kampf um die leeren Räume: Turan-Turkestan-Tibet, Leipzig 1941, S.153 sowie Reiner Olzscha/ Georg Cleinow, Turkestan, S.143.
[6] Baymirza Hayit, Turkestan im XX. Jahrhundert, Darmstadt 1956, S.344.

Zudem war das noch unter zaristischer Herrschaft stehende russische Turkestan zu einem „Gegenpol Britisch-Indiens in der islamischen Welt"[7] herangewachsen. Schleiertragende Frauen – trotz Bolschewismus und Russifizierung - waren dabei nur ein Ausdruck verbreiteten religiösen Empfindens vor Ort. Erst 1936/37[8] wurde der Schleier in Turkestan nach langjährigen Protesten dagegen abgeschafft. Schariagerichte waren erst 1926 gänzlich abgeschafft worden[9].

Die Entstehung bzw. Herausbildung nationaler Bestrebungen der indigenen Völker ist nicht zu verstehen ohne den Panislamismus, als Gegenstück zur russischen Orthodoxie, sowie den Pantürkismus (Enver Pascha[10]), als Gegenstück zu russischem Imperialismus und Panslawismus. Handfeste Probleme Turkestans existierten auf dem Weg zur Nation. Noch auf dem Turkologenkongress in Baku 1926 konnte man sechsundzwanzig „Volkseinheiten" russischer Turkvölker mit „eigener Geschichte und Literatur"[11] feststellen. Diese Fragmentierung kennzeichnet auch die frühe Autonomie- und schließlich Unabhängigkeitsbewegung. Bereits während des ersten Weltkrieges war es 1916 zu einem Massenaufstand in Turkestan gegen die russische Herrschaft gekommen. Mehrere tausend kleinere Unruhen im Generalgouvernement Turkestan von 1899-1916 waren symptomatisch für das Verhältnis zwischen Turkestanern und Russen gewesen. Dennoch stellten die Turktataren in ihrer Gesamtheit die stärkste nichtslawische und nichtchristliche Minderheit in der Sowjetunion dar. In Turkestan selber waren außer den Turkvölkern noch Mongolen und Vertreter der semitischen (Araber, Juden) und indogermanischen (Tadžiken, Deutsche, Iraner) Sprachgruppe zu finden.[12] Darüber hinaus bereiteten die zahlreichen Dialekte, die Probleme im Schulwesen, die Analphabetenrate sowie das „volks-, kultur- und religionsfeindliche Vorgehen der Moskauer Zentrale"[13] Schwierigkeiten bei der Herausbildung einer eigenständigen nationalen Bewegung. Die Basmatschi (Räuber) – Bewegung betraf alle Stämme und Schichten der Bevölkerung Turkestans. Bei dieser nationalen Erhebung setzten sie sich mit der Forderung für einen eigenen Nationalstaat für die Unabhängigkeit Turkestans, gegen die russische bzw. sowjetische Herrschaft und gegen den Kommunismus ein. Bei stabilen Verhältnissen vom Ende des Zarenreichs bis zur Gründung der Sowjetunion hinsichtlich ihrer Außengrenze zu Iran, Afghanistan und China, war die staatliche Umformung des russischen Turkestans im wesentlichen eine Frage der Innenpolitik gewesen.

---

[7] Reiner Olzscha/ Georg Cleinow, Turkestan, S.140.
[8] Vgl. Baymirza Hayit, Turkestan im XX. Jahrhundert, S.301f.
[9] Ebenda, S.306.
[10] Enver Pascha war 1921 in Turkestan gefallen.
[11] Reiner Olzscha/ Georg Cleinow, Turkestan, S.341.
[12] Vgl. Baymirza Hayit, Turkestan im XX. Jahrhundert, S.215-222.
[13] Reiner Olzscha/ Georg Cleinow, Turkestan, S.352.

4

Schließlich teilte die Sowjetunion „aus Furcht vor einem geschlossenen Auftreten der Turkestaner"[14] das Land. Damit förderte man nicht das Volks-, sondern das schwindende Stammesbewusstsein. Bereits zu zaristischen Zeiten hatte man Turkestan in das Generalgouvernement Steppe und Generalgouvernement Turkestan untergliedert. Ein souveränes, von der Sowjetunion unabhängiges Turkestan sollte es allen Bemühungen zum Trotz – einschließlich deutscher Ambitionen - letztendlich nicht geben.

Unternehmen Barbarossa

Während des Zweiten Weltkrieges wurden ca. 4,85 Millionen wehrpflichtige Turkestaner registriert und eingesetzt. Bis Kriegsbeginn 1939 war der Sowjetisierungsprozess Turkestans abgeschlossen. Im Jahre 1935 wurden die Turkestaner der allgemeinen Wehrpflicht unterworfen, dienten aber zunächst bis 1938, in nationalen Divisionen, die den Regierungen der turkestanischen Republiken unterstanden. Erst ab 1939 und nach entsprechenden Säuberungsmaßnahmen wurden wehrpflichtige Männer direkt zur Roten Armee eingezogen und auf deren Einheiten verteilt. Zu Beginn des deutsch-sowjetischen Krieges entsandte man ca. 1,5 bis 2 Millionen Turkestaner an die Front. Auf der Seite des Dritten Reiches kämpften schließlich im Rahmen dieses Krieges 181.402 Turkestaner, auf die im weiteren Verlauf des Aufsatzes näher einzugehen sein wird.[15]

Noch im August 1939 hatten das nationalsozialistische Deutschland und die Sowjetunion einen Nichtangriffspakt geschlossen. Diesem folgte wenig später, im September desselben Jahres, ein Freundschaftspakt zwischen beiden Staaten. Trotzdem griff Deutschland wenige Jahre später, am 22. Juni 1941, im Rahmen des Unternehmens „Barbarossa" die Sowjetunion an. Dieser Krieg brach bisher gekannte Normen der Kriegführung und stellte einen rassenideologisch motivierten, völkerrechtswidrigen Vernichtungskrieg dar, der sich im Einklang mit Hitlers Überzeugungen seit den zwanziger Jahren befand. Umstritten blieb in einigen Kreisen der Wissenschaft und Publizistik bis heute, ob es sich hierbei um einen Präventivkrieg[16] handelte, von dem, so zahlreiche Historiker, darunter Hillgruber, nicht gesprochen werden könne. So argumentierte letzterer, dass es sich nicht um einen „Kreuzzug"

---

[14] Baymirza Hayit, Turkestan im XX. Jahrhundert, S.223.
[15] Ebenda, S.342 und 344ff. Im selben Buch beschreibt Hayit unter Berufung auf Akten des National Turkestanischen Einheitskomitees, dass von den 1,5 Mio. durch die Rote Armee eingezogenen Turkestanern etwa 800.000 auf die deutsche Seite übergelaufen wären. Ebenda, S.245.
[16] Hierzu siehe Gerd R. Ueberschär, Hitlers Überfall auf die Sowjetunion und Stalins Absichten. Die Bewertung in der deutschen Geschichtsschreibung und die neuere „Präventivkriegsthese", in: Gerd R. Ueberschär/ Lev A. Bezymenskij (Hrsg.), Der deutsche Angriff auf die Sowjetunion 1941. Die Kontroverse um die Präventivkriegsthese, Darmstadt 1998, S.48-69. Weiterhin Alexander I. Boroznjak, Ein russischer Historikerstreit? Zur sowjetischen und russischen Historiographie über den deutschen Angriff auf die Sowjetunion, in: Ebenda, S.116-128.

gegen den Bolschewismus gehandelt habe, es kein Krieg gewesen sei, der gewissermaßen aus der Kriegslage heraus notwendig wurde und nicht von einem „nationalen Aufbruch" gegenüber den „halbasiatischen" Russen gesprochen werden könne.[17] Dabei benannte Hillgruber vier Kriegsziele: erstens die Ausrottung der „Jüdisch-bolschewistischen Führungsschicht", zweitens Kolonialraum für deutsche Siedler („Lebensraum im Osten") zu erobern, drittens die slawischen Massen unter deutsche Herrschaft zu unterwerfen und schließlich einen autarken „Großraum Kontinentaleuropa" zu schaffen. Diesen Kriegszielen lag ein rassenideologischer Kern zugrunde.[18]

Nach anfänglicher Euphorie über die zunächst schnellen Erfolge der Wehrmacht in der Sowjetunion, dauerte es nicht lange, bevor sich das Blatt zu wenden begann. Nicht nur der Kriegseintritt der USA im Dezember 1941, sondern Hitlers Zielsetzung schlechthin, implizierte eine Ausdehnung des Kriegsgeschehens auf die Ebene eines Weltkrieges. Russlands enorme kontinentale Größe, welches Gebietsverluste im europäischen Teil, wenn auch schmerzhaft, kompensieren konnte, die Weiten der Landschaft, die Menschen und Streitkräfte im Falle der Eroberung banden, die Anforderungen an die Logistik, die Unwegsamkeiten des Geländes, von Schlamm über Schnee und eiskalte Winter, ließen es nur eine Frage der Zeit erscheinen, bis die anfänglichen Erfolge in erbitterte Kämpfe und auch Niederlagen umschlugen. Russland bzw. die Sowjetunion war am Ural nicht zu Ende und Stalin ein erbitterter Gegner.

Mit der Schlacht um Moskau, der Schlacht um Stalingrad oder dem Scheitern der Operation Zitadelle zeichnete sich ab, dass ein deutscher Sieg im Osten immer unwahrscheinlicher werden würde. Als die Alliierten 1944 schließlich ihre zweite Front eröffneten, und mit dem Zusammenbruch der Heeresgruppe Mitte kurze Zeit später, war das militärische Ende des Dritten Reiches in absehbare Ferne gerückt.

Zentralasien stand während des Zweiten Weltkrieges niemals unter direkter deutscher Herrschaft. Unmittelbar nach dem deutschen Angriff auf die Sowjetunion boten sich für Deutschland in Zentralasien die diplomatischen Vertretungen in Persien und Afghanistan zur eigenen Interessendurchsetzung in diesem Großraum an. Dort beschäftigte man auch zahlreiche deutsche Wissenschaftler und Techniker. Letztlich wurde diese Absicht aber nur kurze Zeit später infolge der sowjetisch-britischen Invasion im Iran im Herbst 1941[19] und schließlich der Kriegserklärung Irans an Deutschland zunichte gemacht. Infolge

---

[17] Andreas Hillgruber, Hitlers Strategie. Politik und Kriegführung 1940-1941, 3. Aufl. Bonn 1993, S.516f.
[18] Ebenda, S.518f.
[19] Hierzu Jana Forsmann, Testfall für die „Großen Drei": die Besetzung Irans durch Briten, Sowjets und Amerikaner, Köln u.a. 2009.

entsprechenden auswärtigen Drucks auf den König wurden auch in Afghanistan Deutsche und Italiener des Landes verwiesen. In Afghanistan selber wurden seit Kriegsbeginn die dort ansässigen Turkestaner polizeilich überwacht. Das Land betrachtete den Pantürkismus als Bedrohung der eigenen Identität, zumal eine starke uzbekische und turkmenische Minderheit in dem Land siedelte.[20]

Nicht zu unterschätzen ist, dass die Türkei über weite Strecken des Zweiten Weltkrieges hinweg seine Neutralität wahrte und diese auch nach dem Kriegseintritt der USA und für den Fall eines eventuellen Scheiterns der Sowjetunion im Krieg gegen Deutschland nicht in Frage stellte. Noch im Sommer 1941 hatten der türkische Botschafter und der Staatssekretär des Auswärtigen Amts die Möglichkeit von „Antisowjetpropaganda" durch „Türkenstämme" und die Errichtung eines selbständigen turanischen Staates im Osten des Kaspischen Meeres erwogen.[21] Gleichsam war man sich in der Berliner Zentrale im Klaren darüber, dass panturanistische Ideen, welche für außerhalb der Türkei liegende Turkvölker ein selbständiges Staatsgebilde in Aussicht stellten, in der Türkei selber nicht auf der Tagesordnung standen.[22] Für den Fall einer entscheidenden Schwächung der Sowjetunion und gleichzeitiger Behauptung Englands in Indien, ging man davon aus, dass sich England der Gebiete Turkestans bemächtigen würde. Obgleich dieses Territorium durch das Auswärtige Amt nicht zum eigentlichen Machtbereich Deutschlands gezählt wurde, betrachtete man die Förderung turkvölkischer und an die Türkei angebundener Staatsgebilde für wünschenswert, um hier ein Gegengewicht zur britischen Einflusssphäre aufzubauen. Demzufolge erachtete das Auswärtige Amt als Sofortmaßnahme die Aussonderung und Zusammenfassung turkstämmiger und mohammedanischer Kriegsgefangener nach dem Muster des Lagers Wünsdorf im Ersten Weltkrieg für notwendig, um eine eigene Kampftruppe für die Schaffung eines eigenen Staates zu schaffen. Reichsminister Rosenberg sollte über diese Entwicklung ebenso in Kenntnis gesetzt werden, wie das Oberkommando der Wehrmacht (OKW).[23] Im Herbst 1942 wollte das Auswärtige Amt aber bereits äußerste Zurückhaltung gewahrt wissen, falls die Türkei das Thema der turkstämmigen Völker in der Sowjetunion nochmals anschneiden sollte.[24] Letztlich blieb der durch das Auswärtige Amt vertretene Grundsatz, hinsichtlich einer etwaigen Staatsgründung turkstämmiger Völker auf dem Territorium der Sowjetunion gegenüber der Türkei Zurückhaltung an den Tag zu legen, von Weitsicht geprägt. Zum einen stand die Eventualität der militärischen Niederlage Deutschlands gegen

---

[20] Vgl. Patrick von zur Mühlen, Zwischen Hakenkreuz und Sowjetstern, S.177f., S.181.
[21] Vgl. ADAP, Serie D, Bd.XIII, Dok.179, S.235f.
[22] Ebenda, Dok.238, S.306ff.
[23] Ebenda, Dok.361, S.467-470.
[24] Vgl. ADAP, Serie E, Bd.III, Dok.284, S.486f.

die Sowjetunion als Möglichkeit im Raum, zum anderen zeigte sich, dass die Türkei schließlich doch kein verlässlicher neutraler Partner, sondern schließlich Gegner des Dritten Reiches mit der Kriegserklärung zu Beginn des Jahres 1945 wurde.

De facto verblieben dem Dritten Reich nur sehr begrenzte Mittel bei der eigenen Interessendurchsetzung in Zentralasien während des Zweiten Weltkrieges. Umso erstaunlicher ist es, dass es ein tatsächliches Interesse an der Region Turkestan gegeben hat.

Grundsätzlich ist zu bemerken, dass die Ostlegionen sowie die Nationalvertretungen sowjetischer Orientvölker in Deutschland eine „Geschichte von Improvisationen" sind. Bei der Vorbereitung auf den Russlandfeldzug offenbarte sich auf deutscher Seite eine weitgehende Konzeptionslosigkeit im Hinblick auf den Umgang mit den „sowjetischen Orientvölkern". Das trifft einerseits auf die Problematik der Kriegsgefangenen genauso zu, wie auf etwaige Truppenteile, die sich aus „Angehörigen sowjetischer Völkerschaften" rekrutierten sowie andererseits auf deren Nationalvertretungen „als Repräsentativorgane für Legionäre und Kriegsgefangene".[25]

Von zur Mühlen unterteilt die Politik gegenüber Angehörigen sowjetischer Orientvölker chronologisch in drei Abschnitte. Eine erste Phase, die er vom deutschen Angriff auf die Sowjetunion bis zum Sommer 1942 verortet, sei von der Tatsache von Millionen sowjetischer Soldaten in deutscher Kriegsgefangenschaft geprägt gewesen und dauerte bis zur Gründung provisorischer Nationalvertretungen an. In diese Phase fiel auch der Gedanke, Soldaten dieser Völker für Hilfstruppen der Wehrmacht aufzustellen. Geprägt war diese Phase durch Kompetenzstreitigkeiten zwischen Auswärtigem Amt und dem Reichministerium für die besetzten Ostgebiete. Eine zweite Phase, die er von Sommer 1942 bis Herbst 1943 ansetzt, galt dem Aufbau der Nationalvertretungen unter der Regie des Ostministeriums und dem Einsatz der aufgestellten Ostlegionen. Die Niederlage von Stalingrad und gelegentliches Versagen der Legionäre hinterließen auch hier psychologische Spuren. Die Verbände wurden in Richtung Westen verlegt, vorübergehend sogar deren Auflösung geprüft. Eine abschließende Phase begann im Spätsommer 1943 mit der „Entmachtung Rosenbergs durch die SS", die wichtige Stellen im Ostministerium zu besetzen vermochte und ist gekennzeichnet durch einen „Eingriff der SS in die Angelegenheiten der sowjetischen Orientvölker". Die SS baute in der Folge eigene Hilfstruppen auf, die sich aus Angehörigen dieser zusammensetzten. Diese letzte, dritte Phase hielt bis Kriegsende an.[26]

---

[25] Patrick von zur Mühlen, Zwischen Hakenkreuz und Sowjetstern, S.44.
[26] Ebenda, S.44ff.

Ostlegionen

Im Rahmen der Wehrmacht dienten während des Zweiten Weltkrieges zahlreiche Muslime. Diese waren in den sogenannten Ostlegionen zu finden. Die Ostlegionen setzen sich ausschließlich aus Angehörigen nichtrussischer Minderheiten zusammen. Diese waren im Verlaufe des Kampfgeschehens unter deutsche Kontrolle geraten. Das zentralasiatische Turkestan war dabei selbst nicht deutsch besetzt. Die Ostlegionen stellten militärische Verbände des deutschen Heeres dar. In der sowjetischen Historiographie wurden die Angehörigen selbiger nicht selten als „Abtrünnige und Landesverräter"[27] bezeichnet. 1942 existierten sechs dieser Ostlegionen. Dazu zählten die Turkestanische, die Kaukasisch-Mohammedanische (bald darauf Azerbajdžanische), die Nordkaukasische, die Georgische, die Armenische und die Wolgatatarische (Idel-Ural) Legion. Im Unterschied zu zahlreichen Kriegsgefangenen von Angehörigen nichtrussischer Bevölkerungsteile unter den Rotarmisten oder Überläufern dienten im Rahmen der Wehrmacht während des Zweiten Weltkrieges, von Ausnahmen abgesehen, im wesentlichen keine Exilanten aus eben diesen Regionen. Über die Motivation dieser Soldaten darf bisweilen spekuliert werden, machten sie sich doch in dem Fall, dass sie in sowjetische Hände fielen, des Hochverrats schuldig. Soziale Besserstellung, v.a. gegenüber Kriegsgefangenen, dürfte für viele ein Motiv dargestellt haben, gefolgt von politischen Motiven, wobei die nationalen Absichten Vorrang vor antibolschewistischer Propaganda besaßen, in diesen Einheiten zu dienen. Oftmals fehlte es der Wehrmacht nicht am nötigen Respekt, im Unterschied zu Rassenideologen, zur NS-Propaganda vom „Untermenschen" oder SD Einsatzgruppen, diesen Völkerschaften gegenüber. Die SS agierte zweigleisig und bediente neben den nationalen Interessen der Sowjetorientalen auch das von denen abgelehnte Vlasov-Komitee.[28]

Als Paradoxon des Zweiten Weltkrieges muss angesehen werden, dass sich nationalsozialistische Rassenideologie und Zusammenarbeit mit Angehörigen kaukasischer oder turktatarischer Völkerschaften inhaltlich widersprachen. So galten letztere in den Augen der nationalsozialistischen Rassenideologen als „Asiatisch-Minderwertige", rangierten in der Werteskala noch unter den slawischen Völkern. Gelegentlich wurden Mongolen, Tataren, Kirgisen unter die Rubrik der „Untermenschen" subsumiert. Bei anfänglichen Kontakten zwischen kriegsgefangenen muslimischen Soldaten und Angehörigen der Einsatzgruppen des SD fielen selbige einer Verwechslung mit Juden zum Opfer und wurden als solche erschossen. Grund hierfür war die bei muslimischen Völkern übliche Beschneidung. Die

---

[27] Joachim Hoffmann, Die Ostlegionen 1941-1943, S.77.
[28] Vgl. Patrick von zur Mühlen, Zwischen Hakenkreuz und Sowjetstern, S.57-65.

9

ersten Wellen von Massenmorden an muslimischen Sowjetbürgern ließen nach August 1941 nach entsprechender Aufklärung auf deutscher Seite allerdings nach.[29]

Bereits im Oktober 1941, wenige Monate nach dem deutschen Überfall auf die Sowjetunion, war unter dem Kommando des Amts Ausland/ Abwehr II, welches dem OKW unterstand, je ein Verband aus turkotatarischen und kaukasischen Kriegsgefangenen errichtet worden. Diese wurden jeweils einem deutschen Abwehroffizier unterstellt. Abwehr II besaß bereits Erfahrungen bei der Aufstellung nicht-russischer Kampfeinheiten. Die turkestanische Einheit unterstand dem Befehl von Major Mayer-Mader.[30] Selbiger war einst Militärberater Chiang Kai-sheks gewesen und ein ausgewiesener Kenner Turkestans. Mayer-Mader sprach mehrere turkestanische Dialekte und verfolgte das politische Ziel, Turkestan als selbständigen Staat zu etablieren und aus dem sowjetischen Staatsverband zu lösen. Zusammen mit dem uzbekischen Politiker Veli Kajum-Khan (1904-1993), der später Präsident des Nationalturkestanischen Einheitskomitees werden sollte, hatte er einen Kampfverband aus Kriegsgefangenen, die vormals der Roten Armee angehörten, gebildet. Diese Einheit wurde seit Oktober 1941 unter dem Namen „Abwehrunternehmen Tiger B" im Generalgouvernement ausgebildet. „Abwehrunternehmen Tiger B" wurde schließlich dem OKH unterstellt und diente ab 1942 als Basis für die ersten Ostlegionen.

In den Ostlegionen entstammten die dort Dienst verrichtenden Soldaten verschiedenen Nationen der Sowjetunion und hingen unterschiedlichen Religionen an. Auch die sprachliche Vielfalt warf Probleme auf. Die meisten Soldaten hingen dem Islam an, darunter Vertreter der sunnitischen wie auch der schiitischen Glaubensrichtung. Zum Islam bekannten sich alle Russlandtürken außer den Čuvašen (orthodox). Zu den Sunniten gehörten erstens die Wolgatataren, Baškiren und Krimtataren, weiterhin die Nordkaukasier, ferner die Turkmenen, die Kazachen und Kirgisen sowie schließlich die Uzbeken, Karakalpaken und persischen Tadžiken. Zu den Schiiten zählten die überwiegende Anzahl der Azerbajdžaner, von sunnitischen Schafiiten abgesehen. Unter dem Dach der 162. Infanteriedivision tummelten sich außer den Muslimen noch Anhänger der orthodoxen Kirche (z.B. Georgier), gregorianische Christen (Armenier) und Buddhisten (Kalmyken).[31] Im Unterschied zu ihren muslimischen Kameraden, waren armenische und georgische Soldaten bis Frühjahr 1944 von einer Seelsorge in ihren militärischen Verbänden ausgeschlossen.[32] Diesen geistigen Beistand leisteten auf muslimischer Seite sogenannte Mullahs. Anhand der unterschiedlichen

---

[29] Ebenda, S.46-56.
[30] Vgl. Joachim Hoffmann, Die Ostlegionen 1941-1943, S.27-30.
[31] Ebenda, S.136f.
[32] Ebenda, S.145.

Behandlung der Religionsgemeinschaften kann ermessen werden, welche Bedeutung das nationalsozialistische Deutschland dem Islam in Zentralasien bei der Abwehr des Bolschewismus und damit einer antagonistischen Weltanschauung beimaß. Weiterhin galt es mittels der Rekrutierung der nichtrussischen Minderheiten auch eigene Truppenteile und deren Verschleiß bei der Eroberung und Besetzung/Verteidigung fremden Territoriums zu schonen. Im Unterschied zu seinem industriell betriebenen Vernichtungskrieg gegen das Judentum betrachtete Hitler selbst den Islam konziliant und pragmatisch. Die Muslime ihrerseits hatten gegen einen autoritären Führungsstil prinzipiell nichts einzuwenden. Besichtigungsreisen nach Deutschland für Muslime sollten das positive Bild vom nationalsozialistischen Staat zusätzlich zu einer ganzen Reihe propagandistischer Mittel[33] weiter schärfen.

Als Maßnahme, um dem in den Legionen dienendem deutschen Personal den für seine Tätigkeit notwendigen Wissenstand zu vermitteln, wurden bereits im Jahre 1942 Schriften verteilt, die sich beispielsweise mit Kaukasien, Turkestan, Iran oder dem Islam inhaltlich befassten. Damit sollte das Bewusstsein für diese Region, deren Menschen, die kulturellen und geographischen Verhältnisse geschult werden. Problematisch erwies sich auch, dass Deutschland einen gewissen Mangel an Dolmetschern zu beklagen hatte, die den orientalischen Sprachen einschließlich deren Dialekte mächtig waren. Kommandosprache blieb das Deutsche, Gefechts- und Ausbildungssprache war Russisch.[34]

Infolge einer Konferenz im August 1942 im Divisionsstab wurde die geistliche Hierarchie der Mullahs beschlossen. Die Stelle des Divisionsmullahs, die bereits zu Beginn des Jahres 1943 wieder aufgehoben wurde, bekleidete Obermullah Džumabaev. Zum Legionsmullah der Azerbajdžanischen Legion wurde der Obermullah Pašaev, zum Legionsmullah der Turkestanischen Legion der Obermullah Inajatev ernannt. Sie waren berechtigt, Bataillonsmullahs zu ernennen. Die Mullahs waren vom militärischen Dienst befreit. Auf der o.g. Konferenz wurden zudem die Rechte der muslimischen Soldaten geregelt, wonach die Einhaltung ihrer religiöser Gebräuche, sofern militärisch vertretbar, zugesichert wurde. In diesem Sinne wurden tägliche Gebetszeiten ebenso gewährleistet wie der Ramadan berücksichtigt und Feierlichkeiten wie das Opferfest, das Muharramfest oder das Neujahrsfest der Azerbajdžaner begangen wurden. Speisevorschriften der Muslime, wie etwa das Verbot des Verzehrs von Schweinefleisch und des Genusses von Alkohol, sollten befolgt werden. Auch wurden in der Folge der Konferenz Fragen der muslimischen Bestattung detailliert

---

[33] Hierzu siehe Joachim Hoffmann, Die Ostlegionen 1941-1943, S.105-136.
[34] Zur Ausbildung der Legionäre siehe ebenda, S.92-105.

geregelt. Dabei wurden die Grabstellen nach Mekka ausgerichtet und die Bestattung nach muslimischem Ritus vorgenommen. Ab 1944 gab es zudem die Regelung, wonach die Gräber der Muslime anstelle des Kreuzes der Christen eine glatte Grabtafel erhielten. Die internen Regelungen hinsichtlich der Muslime waren zunächst im Rahmen der 162. Infanteriedivision getroffen worden. Später befasste sich auch der General der Freiwilligenverbände im OKH mit diesen Fragen. Einem Vorschlag General Köstrings folgend, sollte zukünftig in jeder Kompanie ein Mullah im Range eines Gruppenführers eingesetzt werden.[35]

Die SS und die Muslime

Mit dem deutschen Angriff auf die Sowjetunion war eine große Anzahl von Menschen islamischen Glaubens in den Herrschaftsbereich des Dritten Reiches geraten. Diese Entwicklung verursachte nicht unwesentlich – voneinander unabhängig getroffene - Überlegungen in verschiedenen deutschen Einrichtungen, eine Institution zur Lehre des Islams zu errichten. Dabei sollte auf Erfahrungen aus dem ersten Weltkrieg mit Muslimen zurückgegriffen werden. Der Umstand, dass sich die Muslime von dem Gros der Deutschen v.a. in Religion, Kultur, Sprache, Nationalität unterschieden, ließ einen besonderen Umgang mit ihnen in den Augen der Nationalsozialisten notwendig erscheinen. So kam es, dass sich im Verlaufe des Jahres 1943 – möglicherweise entscheidend mit beeinflusst vom Kriegsgeschehen im Osten - gleich drei Stellen mit ihnen befassten: das Reichssicherheitshauptamt, das Reichsministerium für die besetzten Ostgebiete sowie das SS-Hauptamt. In den Augen des Reichssicherheitshauptamtes, hier Abteilung VI C 1-3, galten Muslime als besonders sowjetfeindlich eingestellt und erschienen als potentielle Kandidaten für nachrichtendienstliche Tätigkeit oder aber als Propagandisten vielversprechend zu sein. Abteilung VI war für Spionage im Ausland zuständig. Seit November 1942 plante das Reichssicherheitshauptamt zudem die Errichtung eines Ostasien-Instituts, welches die politische Relevanz der Gebiete bzw. Staaten Afghanistan, China, Japan, Sinkiang oder Mongolei für Deutschland zu erforschen hatte. Es eröffnete im Sommer 1943 in Berlin. Das sogenannte Ostministerium in Verbindung mit der Wehrmacht sprach sich neben der politischen Erziehung muslimischer Einheiten auch für eine religiöser Art aus. Bereits 1941 hatte das Reichsministerium für die besetzten Ostgebiete die „Gründung einer Imam-Schule"[36] empfohlen. Das SS Hauptamt war beeinflusst vom „Großmufti" von Jerusalem Amin al-Husseini[37], der seinerseits versuchte, eine noch zu schaffende Institution zur

[35] Ebenda, S.138f.
[36] Volker Koop, Hitlers Muslime, S.126.
[37] Zu diesem siehe: Klaus Gensicke, Der Mufti von Jerusalem, Amin el-Husseini, und die Nationalsozialisten, Frankfurt 1988.

Ausbildung muslimischer Geistlicher unter seine Kontrolle zu bringen, um seinen Einfluss auch in diesem Bereich der islamischen Welt zu vergrößern, was ihm schließlich nur mit mäßigem Erfolg gelang. Der „Großmufti" unterhielt Kontakte zu Gottlob Berger.[38] Berger, im Rang eines Generals der Waffen-SS, war Chef des SS-Hauptamtes. Zudem war der „Großmufti" bereits am 9. Dezember 1941 von Hitler persönlich empfangen worden.[39]

Im Jahr des deutschen Überfalls auf die Sowjetunion begann sich die Politik Stalins gegenüber Muslimen für einige Jahre zu lockern. Nachdem man 1929 „maßgebende Persönlichkeiten des Islam verhaftet und die Bildung einer religiösen Verwaltung 15 Jahre lang verboten" hatte, bildete man 1941 die „Oberste Geistliche Verwaltung Mittelasiens und Qazaqistans" unter Eschan Baba Khan bin Abdulmadschid Khan.[40]

Bereits am 10. Juni 1942 tagte in Ufa ein Kongress sowjetischer Moslems. Im Rahmen dieser Zusammenkunft wurde eine Botschaft an alle Glaubensbrüder weltweit gerichtet und um Hilfe für die Sowjetunion gebeten. Zu diesem Zeitpunkt stellte Abdurrahman Rasulev de facto das Oberhaupt der Moslems in der Sowjetunion dar. Nur ein Jahr später, anlässlich eines weiteren Kongresses sowjetischer Muslime in Taschkent, wurde selbiger zum Mufti aller in der Sowjetunion lebenden Muslime gewählt. Ein deutscher Plan, mittels des „Großmuftis" von Jerusalem, al-Husseini, diese Wahl annullieren zu lassen sowie einen Krimtataren mit dem Namen Ahmet Özenbaşli als Gegenmufti aufzustellen, scheiterte zu Beginn des Jahres 1944 am Veto der Wehrmacht und des SD.[41] Ein Jahr später, am 25. März 1945, sprach sich zudem der für Deutschland arbeitende Idris, auf den noch näher eingegangen wird, dafür aus, ein Muftiat für die Osttürken zu errichten.[42] Als Folge des Kriegsverlaufs und schließlich Ende des Krieges blieben diese Pläne aber ohne Ergebnis.

Zur Zeit Katharinas II. hatte es in Russland lediglich die „Orenburger Geistliche Mohammadanische Versammlung" in Ufa gegeben. Ihr stand ein Mufti vor. Zu Beginn der Sowjetära war die Versammlung geschlossen, 1943/44 allerdings wiederbelebt worden. Zusätzlich wurden zu dieser Zeit drei weitere Muftiate in der Sowjetunion geschaffen: in Baku (Azerbaidžan, Armenien, Georgien), in Taschkent (Zentralasien und Kasachstan) und

---

[38] Vgl. Pieter Sjoerd van Koningsveld, The Training of Imams of the Third Reich, in: Willem B. Drees/ Pieter Sjoerd van Koningsveld (Hrsg.), Study of religion and training of muslim clergy in Europe. Academic & religious freedom in the 21st century, Leiden 2008, S.352.
[39] Vgl. Volker Koop, Hitlers Muslime, S.213f.
[40] Baymirza Hayit, Turkestan im XX. Jahrhundert, S.354f.
[41] Vgl. Patrick von zur Mühlen, Zwischen Hakenkreuz und Sowjetstern, S.221.
[42] Vgl. Volker Koop, Hitlers Muslime, S.141ff.

Buinaksk (Nordkaukasus). Das Amt des Muftis von Taschkent bekleidete Ishan Babakhan Abdumajitkhanov[43].

Im Verlaufe des Kriegsjahres 1943 setzte sich bei Himmler die Überzeugung durch, dass es für das nationalsozialistische Deutschland von Vorteil sein könnte, muslimische Freiwillige aus dem Gebiet der Sowjetunion mit deutscher Uniform kämpfen zu lassen. Hatte Gerhard von Mende, Professor für Orientalistik und Leiter der Abteilung „Fremde Völker" im Reichsministerium für die besetzten Ostgebiete, das nationale Element als Kerngedanken der Freiwilligenbewegung charakterisiert, setzte die SS auf den Islam. Zudem glaubte sie an die „Rassengemeinschaft von Türken, Finnen, Esten oder auch Mongolen". So ordnete Himmler schließlich im November 1943 die Aufstellung des „Ersten Ostmuselmanischen SS-Regiments" an.[44] Neuer Chef der Hauptabteilung bzw. des neuen „Führungsstabs" Politik im Ostministerium war seit August 1943 nunmehr Berger.

Die ab November 1943 unter dem Namen Ostmuselmanische SS-Division aufgestellte Einheit war auch unter den Bezeichnungen Turkmuselmanische Division, Muselmanische SS-Division „Neu-Turkistan" bzw. schließlich, ab 1944, unter dem Namen Osttürkischer Waffen-Verband der SS (Harun el-Raschid) bekannt. Dieser umfasste im Kriegsjahr 1944 nicht mehr als ca. 3000 Personen im Einsatz. Anders als in den Legionen waren politische Motive stärker ausgeprägt, in dem Verband zu dienen. Gleichzeitig zeigten sich Rückwirkungen politischer Art auf die Legionäre der Wehrmacht.[45] Der Osttürkische Waffenverband rekrutierte seine Mitglieder aus Kriegsgefangenen und Ostarbeitern und war in vier Regimenter unterteilt: je eines für Turkestaner, Azerbajdžaner, Krimtataren und Wolgatataren (Idel-Ural). Kommandant des turkestanischen Regiments war Gulam Alimov, der zu Weihnachten 1944 versuchte, zu den slowakischen Partisanen zu desertierten. Beim Chef des Waffen-Verbandes Harun el-Raschid Bey[46] handelte es sich nicht, wie der Name vermuten lässt, um einen Orientalen, sondern um den aus Senftenberg in der Lausitz stammenden Wilhelm Hintersatz, welcher im Ersten Weltkrieg als Offizier im türkischen Generalstab gedient und sich den Titel Bey zugelegt hatte. Er konvertierte zum Islam und erhielt in der Folge seinen neuen Namen. El-Raschid betrachtete den Orient als die Achillesferse Englands und Russlands, an der man ansetzen müsse, um die Kriegsgegner Deutschlands in Schach zu halten. Infolge der begrenzten Möglichkeiten der Einflussname Deutschlands in Zentralasien nach dem

---

[43] Vgl. Yaacov Ro'i, Islam in the Soviet Union: From the Second World War to Gorbachev, London 2000, S.104f.
[44] Stefan Meining, Eine Moschee in Deutschland. Nazis, Geheimdienste und der Aufstieg des politischen Islam im Westen, München 2011, S.44-47.
[45] Vgl. Patrick von zur Mühlen, Zwischen Hakenkreuz und Sowjetstern, S.154f.
[46] Ebenda, S.151.

deutschen Überfall auf die Sowjetunion ist zu hinterfragen, wie realistisch diese Einschätzung gewesen ist.

Nationalvertretungen[47]

Bereits kurz nach Eröffnung des deutsch-sowjetischen Krieges setzten sich Altemigranten aus Zeiten der Russischen Revolution mit Vertretern der deutschen Reichsregierung in Verbindung. Hintergrund bildete v.a. die Sorge um die zahlreichen kriegsgefangenen Landsleute in den Lagern der Deutschen. So protestierte z.b. Kajum-Khan als einer der ersten gegen den Missbrauch seiner Landsleute bei den deutschen Behörden. Für sowjetische Orientvölker waren vorrangig neben dem Auswärtigen Amt, dem Reichsministerium für die besetzten Ostgebiete, die Wehrmacht (Abwehr und Heer) sowie die SS zuständig. Bei Meinungsverschiedenheiten zwischen den verschiedenen Dienststellen profitierten die Nationalvertretungen in unverhältnismäßiger Art und Weise im Verlaufe ihrer Existenz. Rosenberg seinerseits hatte bei seinen politischen Konzeptionen für den eroberten „Lebensraum im Osten" die politische Repräsentation nichtrussischer und von Deutschland unterworfener Völker ignoriert. Die Anerkennung etwaiger Nationalkomitees hätte die deutsche Anerkennung eben dieser Völker bedeutet, einen Schritt, den Deutschland zu Beginn des Krieges nicht bereit war, zu gehen. Erst gegen Ende des Krieges und mit der veränderten Kriegslage sollte sich diese Haltung ändern. Einzig eine Loslösung Turkestans von Russland betrachtete Rosenberg wegen des Gegensatzes zur Sowjetunion und zeitgleich gegen die Russen als sinnvoll. Er erachtete ein Ende der sowjetischen „Zwingherrschaft in Zentralasien"[48] nach einem militärischen Zusammenbruch der Sowjetunion für möglich.

„Neben auswärtigen Vermittlungsversuchen und neben Abwehrkontakten haben auch die [...] Kriegsgefangenenkommissionen des Ostministeriums den späteren Nationalvertretungen den Weg geebnet."[49] Die Tätigkeit von Emigranten in zahlreichen Dienststellen des Dritten Reiches, wie dem Reichsministerium für die besetzten Ostgebiete, dem OKW, der Abwehr und dem SD war notwendig geworden, da man sie u.a. als Dolmetscher, Rundfunksprecher oder etwa Sachbearbeiter benötigte. Zudem wiesen sie bessere deutsche Sprachkompetenzen auf als ehemalige Kriegsgefangene. Frühere Kontakte des Auswärtigen Amtes gaben ebenso einen Input in die zu gründenden nationalen Komitees, wie die von Mende kreierten Mittelstellen (später Leitstellen), in denen Emigranten, Deutsche und später auch

---

[47] Einen ausführlichen Überblick liefert hier Patrick von zur Mühlen, Zwischen Hakenkreuz und Sowjetstern, S.82-138.

[48] Alexander Dallin, Deutsche Herrschaft in Russland, 1941-1945. Eine Studie über Besatzungspolitik, Düsseldorf 1958, S.286.

[49] Patrick von zur Mühlen, Zwischen Hakenkreuz und Sowjetstern, S.85.

Kriegsgefangene gemeinsam arbeiteten. Bereits im Spätsommer und Herbst 1942 wurden die ersten Nationalausschüsse gegründet, die wegen der Kaukasusoffensive dem SD vom Ostministerium zur Verfügung gestellt wurden.[50] In diesen dominierten Angehörige der Emigranten, nicht ehemalige Kriegsgefangene. Den Nationalvertretungen war nicht der Status einer juristischen Person zugebilligt worden. Selbige konnten mit Ausnahme des „Nationalturkestanischen Einheitskomitees", auf das noch näher einzugehen sein wird, kein eigenes Personal einstellen. Dieses war weitestgehend mit dem von Mendes Leitstellen identisch. Die meisten Nationalvertretungen gliederten sich in drei Abteilungen: Politik (einschließlich Finanzen), Militär sowie Propaganda / Presse und Öffentlichkeitsarbeit. Eine wirklich eigenständige Politik führten die Nationalvertretungen, von denen sich einige als eine Art Exilregierung betrachteten, unter deutscher Rigide nicht.

Eine gewisse Ausnahmerolle unter den Nationalvertretungen spielte das Nationalturkestanische Einheitskomitee (NTEK).[51] Das NTEK bekam einen Etat durch das Ostministerium gestellt, verfügte darüber hinaus aber auch über eigene Mittel, die es von turkestanischen Legionären in Form von Beiträgen einzog (Soldaten 1 RM, Unteroffiziere 2 RM, Offiziere 5 bis 15 RM). Es finanzierte seinen Mitarbeiterstab nahezu aus eigenen Mitteln. Das Nationalturkestanische Einheitskomitee beschäftigte in elf Unterabteilungen 112 Soldaten und Zivilangestellte. Zu diesen Unterabteilungen zählten Kriegsgefangene, Militär, Wissenschaft, Gesundheit, zivile Hilfe, Fürsorge, militärische Propaganda und Kultur, einschließlich der Bereiche Presse, Radio, Musik, religiös islamische Betreuung, Schauspiel.[52] An der Spitze des NTEK stand dessen Präsident, der von deutscher Seite anerkannt und bevollmächtigt war. Das Amt bekleidete Veli Kajum-Khan. Dieser hatte das Komitee ohne deutschen Widerstand gründen können. Den Titel Khan hatte er sich erst nachträglich zugelegt. Als die SS ab 1943 versuchte, eigene turktatarische Gruppen unter dem Kommando von Mayer-Mader aufzustellen, stieß dies bei Kajum-Khan auf starken Widerwillen. Seine ursprünglich guten Kontakte zum deutschen Major Mayer-Mader gehörten mittlerweile der Vergangenheit an. Differenzen hatten beide Männer entzweit, nicht zuletzt, weil sich kirgisische und kazachische Gegner um Mayer-Mader bemühten. Dessen Pläne in Zentralasien trug Kajum-Khan nicht mit. Mayer-Mader wurde wahrscheinlich als Opfer eines Komplotts von der SS hingerichtet.[53] Kajum-Khan stand in der sozialrevolutionären Tradition vergangener turkestanischer Nationalisten und war der ehemalige „Gehilfe des bekannten

[50] Ebenda, S.88.
[51] Ausführlich ebenda, S.94-104.
[52] Vgl. Stefan Meining, Eine Moschee in Deutschland, S.41f.
[53] Vgl. Patrick von zur Mühlen, Zwischen Hakenkreuz und Sowjetstern, S.150.

turkestanischen Nationalistenführers Tschokajew" [Mustafa Tschokaj][54]. Er strebte einen Nationalstaat Turkestan an, der sozialistisch und traditionsgebunden agieren sollte. Sein nationaler Befreiungskampf richtete „sich auch gegen die imperialistischen Kolonialmächte"[55]. Gerade dieser Punkt darf als deutsche Motivation, diesen Mann, trotz viel Kritik im Einzelnen, zu unterstützen, nicht unterschätzt werden.

Der Stellvertreter des Präsidenten fungierte in der Position des Generalsekretärs und kümmerte sich um die Geschäftsführung. Weitere Ressortminister z.b. für Militär, Erziehung, Wissenschaft, Gesundheitswesen, „Ostarbeiter"-, Kriegsgefangenenbetreuung oder Literatur sowie mehrere Stellvertreter bildeten ein Kabinett von 21 Personen. Nach außen hin nahezu perfekt organisiert, kennzeichnete das Komitee doch eine innere Zerrissenheit zwischen seinen Fraktionen. Die Position des Leiters der Militärabteilung im Rahmen des NTEK bekleidete der uzbekische Hauptmann Baymirza Hayit[56]. Neben dem Blatt „Milli Türkistan" (Nationales Turkestan)[57] publizierte das NTEK auch „Yeni Türkistan" (Neues Turkestan) oder ein Literaturjournal mit dem Titel „Milli adabijat". Das NTEK veranstaltete vom 8. bis 10. Juni 1944 in Wien den turkestanischen Nationalkongress.[58] Dieser stellte vergleichsweise die Nationalkongresse der Azerbajdžaner und der Tataren in den Schatten. Der Kongress empfing u.a. Gäste der Wehrmacht, der SS, des Auswärtigen Amts und des Ostministeriums. Gekrönt wurde das Ereignis mit einem persönlichen Telegramm Hitlers an Kajum-Khan, in dem ihm eine Ordensverleihung in Aussicht gestellt wurde. Gegen Ende des Krieges wurde das NTEK nicht nur durch das nationalsozialistische Regime anerkannt. Am 18.3.1945, also erst nach der türkischen Kriegserklärung an Deutschland und Japan, erkannte Deutschland ein unabhängiges Turkestan an und akzeptierte wenige Tage später, am 24. März 1945 das NTEK als „Nationale Provisorische Regierung von Turkestan" und die entsprechende Ostlegion als „Nationale Armee Turkestans".

---

[54] Volker Koop, Hitlers Muslime, S.159. In der Zeit vom 4.-7.4.1917 fand in Taschkent der erste Kongress der Muslime Turkestans statt auf dem die territoriale Autonomie Turkestans gefordert wurde. Ferner wurde der „Turkestanische, Muslimische Zentralrat" gegründet, zu dessen Vorsitzenden Tschokaj gewählt wurde. Dieser stand ebenso dem nach der Revolution gegründeten „Turkestanischen Russischen Ansiedler- und Qazaqen-Rat" vor. Vgl. Baymirza Hayit, Turkestan im XX. Jahrhundert, S.49f u.55. Am 10.12.1917 war die Territorial-Autonome Republik Turkestan in Kokand ausgerufen worden. Nach dem gewaltsamen Sturz der autonomen Regierung trat nun nicht mehr nur die Forderung nach Autonomie, sondern eine nach Unabhängigkeit auf. Ebenda, S.61f. und S.69.
[55] Patrick von zur Mühlen, Zwischen Hakenkreuz und Sowjetstern, S.136.
[56] Vgl. Baymirza Hayit, Turkestan im XX. Jahrhundert, S.344ff. Zu Hayit (1917-2006) siehe Franziska Torma, Turkestan-Expeditionen. Zur Kulturgeschichte deutscher Forschungsreisen nach Mittelasien (1890-1930), Bielefeld 2011 (Kulturgeschichten der Moderne; 5), S.23f.
[57] Dieses vierzehntägig erscheinende Blatt hatte gegen Ende des Krieges eine Auflage von 80.000 Stück.
[58] Vgl. Patrick von zur Mühlen, Zwischen Hakenkreuz und Sowjetstern, S.102.

Ausbildung von Muslimen in Deutschland

Erst verhältnismäßig spät während des Kriegsverlaufes und dem deutschen Überfall auf die Sowjetunion im Sommer 1941 wurde eine deutsche Ausbildung muslimischer Feldgeistlicher ins Auge gefasst. Die Idee war durch das Reichministerium für die besetzten Ostgebiete zwar bereits 1941 artikuliert worden, fand aber zu diesem Zeitpunkt keine Anhängerschaft. Mit dem Verlaufe des Kriegsgeschehens sollte sich dies ändern. Häufig war es vorgekommen, dass die Mullahs im Rahmen der Streitkräfte von Seiten der Muslime der Lächerlichkeit preisgegeben wurden. Die Muslime aus dem Osten waren weit weniger gläubig, als man dies ursprünglich vermutet hatte. Dennoch glaubte man mit der Stärkung der muslimischen Identität die Kampfkraft der Truppe zu erhöhen. Um den einheitlichen Wissensstand aller Vorbeter in den Ostlegionen zu gewährleisten, veranstaltete das Heer ab Juni 1944 in Zusammenarbeit mit dem Islaminstitut der Universität Göttingen sogenannte Mullahlehrgänge, die von dem renommierten Orientalisten Professor Dr. Bertold Spuler geleitet wurden. Unterrichtssprache war das Uzbekische, gelegentlich Tadžikisch und mitunter auch Russisch, welches die meisten Mullahs verstanden. Als mangelhaft erschien während der Spulerschen Lehrgänge sicherlich, dass weder eine Koranübersetzung in türkischer noch in russischer Sprache vorlag und man auf selbige in arabischer Sprache auszuweichen hatte. Auch eine Anfrage an das Arabische Zentralinstitut des „Großmuftis" von Jerusalem konnte hier keine Abhilfe schaffen. Spuler selber, der sich seiner Kontakte zum ehemaligen Mufti von Wilna ebenso bediente, wie seiner Kontakte zum Obermullah Inajatev, veranstaltete sechs Lehrgänge bis Ende 1944 mit einer durchschnittlich dreiwöchigen Dauer. Als Hauptproblem wurde von Spuler empfunden, dass beide Glaubensrichtungen, die schiitische und die sunnitische, in den Mullahlehrgängen gleichermaßen vertreten waren und keine Rücksicht auf fundamentale Unterschiede genommen werden konnte. Spuler hielt beide für grundlegend verschieden und für miteinander unvereinbar. Der Lehrgang untergliederte sich in einen theoretischen und einen praktischen Teil. So wurden im theoretischen Teil der Koran, wichtige Kommentare, das Leben des Propheten Mohammed, grundsätzliche Fragen der islamischen Religions- und Dogmengeschichte und türkische Geschichte gelehrt. Im Hinblick auf die nur relativ kurze Unterrichtszeit im Rahmen der Lehrgänge dürften die Ausführungen wie die Ausbildung insgesamt nur fragmentarischen Charakter gehabt haben. Nicht zuletzt war die zeitliche Beschränkung der Lehrgänge dem Umstand geschuldet, die Mullahs nicht zu lange von der Truppe vor dem Hintergrund des Weltkrieges entfernt zu lassen. Während des praktischen Teils wurden Fähigkeiten wie das Abhalten von

18

Gottesdiensten, rituelle Fertigkeiten z.b. zum Zweck von Beerdigungen oder Festen oder die Befähigung zum Führen theologischer Gespräche vermittelt.[59]

Unklar blieb trotz Spulers eingehender Schilderungen der Lehrgänge, abgesehen von der Tatsache, dass es sich um Sunniten und Schiiten handelte, welcher Personenkreis von ihm letztlich als Mullah ausgebildet wurde und durch welches soziale Profil selbiger beschrieben werden kann.[60]

„Arbeitsgemeinschaft Turkestan e.V." und Mullahschule[61] Dresden

Die „Arbeitsgemeinschaft Turkestan e.V." war zu Beginn des Jahres 1944, also noch vor Beginn der Spulerschen Lehrgänge, ins Leben gerufen worden. Himmler hatte zunächst den Standpunkt vertreten, wenn man eine übergeordnete wissenschaftliche Einrichtung zur Erforschung Zentralasiens benötigte, auf die Deutsche Forschungsgemeinschaft Ahnenerbe e.V. zurückzugreifen. Dies geschah nicht. Der Deutschen Forschungsgemeinschaft Ahnenerbe war z.b. das Sven Hedin Institut zur Erforschung Innerasiens angegliedert. Der schwedische Wissenschaftler hatte während seiner vierten Asienexpedition bis 1935 neben der Mongolei auch Xinjiang wissenschaftlich untersucht. Offiziell wurde die Arbeitsgemeinschaft im Rahmen der Deutschen Morgenländischen Gesellschaft (DMG) gegründet, um ein neutrales Auftreten in der Öffentlichkeit zu gewährleisten. Sie unterstand aber im Hinblick auf ihren Leiter eigentlich in Personalunion dem SS-Hauptamt, Amtsgruppe D (Freiwilligen-Leitstelle) und erhielt vom Reichssicherheitshauptamt (Amt VI Gruppe G/ Wissenschaftlich-methodischer Forschungsdienst) finanzielle Zuwendungen. Die Deutsche Morgenländische Gesellschaft hatte die Absicht, lediglich in wissenschaftlicher Hinsicht mit der Arbeitsgemeinschaft zusammenzuarbeiten, lehnte darüber hinaus aber juristische Verbindlichkeiten, besonders solche finanzieller Art, ab. Um eigenständige Rechtsgeschäfte zu gewährleisten, wurde die Arbeitsgemeinschaft in das Vereinsregister aufgenommen. Die Arbeitsgemeinschaft besaß neben ihrer Anschrift in Berlin eine in Dresden, am Taschenberg 3. Sie existierte bis zur Bombardierung Dresdens am 13. Februar 1945. Von da an verlieren sich ihre Spuren, wobei davon auszugehen ist, dass wesentliches Material dieser Arbeitsgemeinschaft eben diesem Bombardement zum Opfer gefallen ist. Die Arbeitsgemeinschaft sollte sich ursprünglich in neun Abteilungen untergliedern: Landeskunde und Verkehr, Bodenkunde und Geologie, Landwirtschaft und Klimatologie, Volkskunde,

---

[59] Vgl. Joachim Hoffmann, Die Ostlegionen 1941-1943, S.140f.
[60] Vgl. Peter Heine, Die Mullah-Kurse der Waffen-SS, in: Gerhard Höpp/ Brigitte Reinwald (Hrsg.), Fremdeinsätze. Afrikaner und Asiaten in europäischen Kriegen, 1914-1945, Berlin 2000, S.181.
[61] Zuletzt vgl. Werner H. Krause, Krieg ohne Fronten. Geheime Kommandounternehmen gegen die Sowjets, Oberhausen 2014, S.218-221.

Volkskunst, Folkloristik, Islam, Medizin sowie Literatur. Von diesen haben schließlich nur sechs die Arbeit aufgenommen (Islam, Linguistik, Folkloristik, Volkswirtschaft, Geschichte, Medizin). Neben dem Fachbereich Medizin unter persönlicher Leitung Dr. Olzschas wurde der Bereich Islam durch Professor Hartmann bzw. Spuler fachlich begleitet, Folkloristik von Professor Herbert Jansky (Wien), Geschichte von Professor Spuler, Volkswirtschaft von Professor Schwittau und Linguistik vom Turkologen Dr. Johannes Benzing.[62] An der Spitze der Arbeitsgemeinschaft stand das SS-Mitglied, der Leiter der Leitstelle „Turan-Kaukasus" im SS Hauptamt und Arzt Reiner Olzscha, der eine Mende vergleichbare Stellung im Rahmen der Politik gegenüber den sowjetischen Orientvölkern erlangen sollte. Olzscha leitete im Rahmen des SS Hauptamtes u.a. das Referat Islam. Der Arzt hatte sich zuvor mit der Epidemiologie und Epidemiographie der Cholera in Russland beschäftigt und als Assistent des bereits 1936 verstorbenen Orientalisten Georg Cleinow gearbeitet. Auf der Basis dessen Aufzeichnungen publizierte Olzscha 1942 ein Buch über Turkestan.[63] Später veröffentlichte die Arbeitsgemeinschaft Turkestan noch die Studie „Die turanische Idee"[64].

Geschäftsführer der Dienststelle in Dresden war ein gewisser Dr. Konrad Schloms[65]. Als Aufgabe der Arbeitsgemeinschaft bezeichnete Olzscha, unter Mitarbeit von Personen mittelasiatischer Herkunft (Turkestaner), die v.a. der Opposition gegen Kajum-Khan anhingen, sich Fragen der „wehr- und volkswirtschaftlichen Bedeutung Sowjet-Mittelasiens für das Rüstungspotential der Roten Armee, sowie mit Fragen des nationalen Gegensatzes in jenen Gebieten"[66] zu beschäftigen. Brentjes interpretierte dies so, dass es sich bei der Arbeitsgemeinschaft Turkestan folglich um „Militärspionage" gehandelt habe und um die „Möglichkeit, die Sowjetvölker gegeneinander zu hetzen."[67] Inwieweit hier Interessen der Spionage verfolgt worden, bleibt noch näher zu erörtern. Unstrittig ist jedenfalls, dass versucht wurde, die nationale Frage der Orientvölker der Sowjetunion gewinnbringend im Sinne der eigenen grundsätzlichen politischen Ziele zu nutzen. Das Personal der

---

[62] Zu den etwas widersprüchlichen Angaben hinsichtlich der Abteilungen und deren Leitung siehe Burchard Brentjes, Die Arbeitsgemeinschaft Turkestan im Rahmen der DMG, S.165f. und Pieter Sjoerd van Koningsveld, The Training of Imams of the Third Reich, S.350. Weitere Dozenten der Arbeitsgemeinschaft Turkestan/ der Mullahschule in Dresden benennt Koop (soweit nicht hier benannt): azerbaidžanische Emigrantenführer Rezulzadeh, der nach anderen Angaben nicht Lehrer an der Schule wurde, Mufti Sienkiewicz, Mullah Djemaluddin, Rida-Mohammed Stambuli, Hauptmann Hakim Burikan, Aritur Koldybajew, Arislan Bulanbajew, Asan Kaigin, Sariba Bekburin, Machmed Machsud, Ilja Schamukin. Vgl. Volker Koop, Hitlers Muslime, S.132.
[63] Reiner Olzscha/ Georg Cleinow, Turkestan: die politisch-historischen und wirtschaftlichen Probleme Zentralasiens, Leipzig 1942.
[64] Patrick von zur Mühlen, Zwischen Hakenkreuz und Sowjetstern, S.144f.
[65] Vgl. Burchard Brentjes, Die Arbeitsgemeinschaft Turkestan im Rahmen der DMG – Ein Beispiel des Missbrauchs der Wissenschaften gegen die Völker Mittelasiens, in: Ders. (Hrsg.), 60 Jahre nationale Sowjetrepubliken in Mittelasien im Spiegel der Wissenschaften, Halle 1985, S.157.
[66] Burchard Brentjes, Die Arbeitsgemeinschaft Turkestan im Rahmen der DMG, S.155.
[67] Ebenda.

Arbeitsgemeinschaft rekrutierte sich aus den Ostlegionen, aus den Feldeinheiten der Waffen-SS sowie aus Kriegsgefangenenlagern und umfasste einen größeren Mitarbeiterstab. Dienstkleidung war zivil. Die einzelnen Abteilungen wurden von Wissenschaftlern geleitet, die einen wissenschaftlichen Beirat bildeten, um die Arbeit zu koordinieren. Die Arbeitsgemeinschaft verfügte über eine eigene Bibliothek[68], die unter der Aufsicht von Dr. Schloms stand. Ursprünglich beabsichtigte man, Bücher islamischen Inhalts zu beschaffen. Brauchbare Bücher waren zu dieser Zeit schwer erhältlich. Bücherbestände wurden aus Buchhandlungen und Antiquariaten, aber auch aus Holland oder Sarajewo erworben. Die Bibliothek besaß allerdings viel zu wenige Bücher, um ein reibungsloses Arbeiten im Rahmen der Arbeitsgemeinschaft zu gewährleisten. Die Bibliothek wurde zeit ihrer Existenz kaum benutzt. Ein Katalog sollte Schrifttum, welches sich mit Zentralasien befasste, verzeichnen und so ggf. auch über Fernleihen zur Verfügung stellen. Als Problem erwies sich, dass ein Teil der erworbenen Literatur arabischen Ursprungs war und für die beabsichtigten Zwecke nicht taugte. Der Arbeitsgemeinschaft Turkestan wurde, offiziell im Rahmen der DMG tätig, untersagt, den SD-Briefbogen, SD-Tagebuchnummern sowie entsprechende Dienstsiegel zu verwenden.

Bereits im März 1944 erhielt die „Arbeitsgemeinschaft Turkestan e.V." den Auftrag, eine Schule zur Ausbildung islamischer Mullahs in Dresden ins Leben zu rufen. Die „Schule für die Ausbildung von Mullahs für die turkotatarischen und kaukasischen Freiwilligenverbünde der SS" wurde offiziell am 26. November 1944 eröffnet. Neben der Dresdner Einrichtung existierte eine weitere Mullahschule seit Frühjahr 1944 in Guben. Deren Eröffnung wohnte der „Großmufti" von Jerusalem bei. Ob die Dresdner Schule dabei aus der Gubener Einrichtung hervorging oder ob es sich in Dresden um eine Neugründung handelte, ist unklar.[69] Im Dezember des Jahres 1944 stimmte der General der Freiwilligenverbände schließlich der Zusammenlegung der Ausbildungskurse für Mullahs und Imame des Heeres und der Waffen-SS im Rahmen der Dresdner Mullahschule zu.[70] Aus Anlass der Eröffnung der neuen Dresdner Einrichtung hielt Walter Schellenberg eine Rede.[71] Darin machte er deutlich, dass es ein deutsches Ziel sei, die Russifizierung der osttürkischen Völker zu verhindern, da Russland so immer stärker würde und dies immer stärkere Rückwirkungen auf den deutschen Lebensraum im Osten zeitigen würde. Die nationalen Unabhängigkeitsbestrebungen seien daher zu unterstützen. Dabei fiele dem Islam die Rolle

---

[68] Vgl. Pieter Sjoerd van Koningsveld, The Training of Imams of the Third Reich, S.350f.
[69] Vgl. Peter Heine, Die Mullah-Kurse der Waffen-SS, S.183.
[70] Ebenda, S.182.
[71] Ebenda, S.184.

zu, „Bollwerk" gegen den Bolschewismus zu sein. Einen Tag später bedankte sich der „Großmufti" al-Husseini bei Himmler persönlich mittels eines Telegramms für die Eröffnung der Schule, als Zeichen des großen Interesses an einer deutsch-islamischen Zusammenarbeit.

Veli Kajum Khan stand der Dresdner Einrichtung äußerst skeptisch gegenüber und unterstützte die „islamitische Politik"[72] nicht. Er wollte seinen Namen nicht mit der Einrichtung in Verbindung gebracht wissen und verwahrte sich gegenüber einem weiteren Protegieren des Muftis von Jerusalem.

Die Dresdner Mullahschule befand sich in Dresden-Blasewitz auf dem Lothringer Weg 2.[73] Die Villa wurde während des Angriffs auf Dresden ebenfalls stark beschädigt. Sie gehörte einst der Jüdin Jenny Jacoby. Ihr mittlerweile verstorbener Gatte, der Hofjuwelier, war für die Firma Elimaier am Neumarkt tätig gewesen. Er hatte die Villa nach seinem Geschmack einrichten lassen und galt als sehr reicher Mann. Dessen Witwe war mittlerweile in den Achtzigern, geistig rege und gehörte zu den Juden Dresdens, die während der nationalsozialistischen Herrschaft mit dem zusätzlichen Namen Sara evakuiert wurden. Das Haus war mit zahlreichen kostbaren Gemälden ausgestattet, darunter Werke der Renaissance. Bis Ende 1943 befand sich in der Villa ein Judenhaus[74]. Die Villa wurde eigens für ihre neue Nutzung als Mullahschule unter Leitung des Berliner Architekten Mellis[75] und einem Dresdener Innenarchitekten islamisch umgestaltet. Die Umbauten nahmen ungefähr ein halbes Jahr in Anspruch. In der großen Eingangshalle befanden sich Mosaik-Imitationen, die denen zentralasiatischer Moscheen ähneln sollten. Auch wurden Kalligraphien mit Versen aus dem Koran angefertigt. Ein weiterer Raum wurde mit einer Gebetsnische ausgestattet und diente als Betsaal. Insgesamt war die Schule als Internat konzipiert. Zusätzlichen Bewegungsraum bot ein großer Garten, der zu der Villa gehörte.

Als keineswegs unproblematisch erwies sich die Suche nach geeignetem Lehrpersonal, die schon vor der Eröffnung der Schule begonnen hatte. Zunächst stieß Olzscha auf den ihm durch die Ärztekammer bekannten Dr. Murad. Dieser stammte aus Mekka, besaß die saudi-arabische Staatsbürgerschaft, war tatarischer Abstammung und war in Xinjiang gewesen. Orte wie Samarkand, Buchara oder Taschkent hatte er selber bereist. Olzscha schloss mit ihm einen Lehrvertrag ab, der jedoch wenig später infolge von Differenzen nicht mit Leben erfüllt wurde. Murad war unter anderem mit Kajum-Khan verfeindet, stellte darüber hinaus aber

[72] http://www.ifz-muenchen.de/archiv/zs/zs-0947.pdf, S.11.
[73] Vgl. Victor Klemperer, Ich will Zeugnis ablegen bis zum letzten: Tagebücher 1933-1945, Berlin 2012, Eintrag vom 3. und 4.9.1942.
[74] Ein weiteres Judenhaus befand sich auf der Caspar-David-Friedrich-Straße 15b.
[75] Vgl. Pieter Sjoerd van Koningsveld, The Training of Imams of the Third Reich, S.353.

nicht zu befriedigende Forderungen, wie z.b. die Errichtung eines eigenen Luftschutzbunkers. Dies veranlasste Olzscha sich mit Professor Alimcan Idris in Verbindung zu setzen. Dieser war 1916 bis 1921 zur Betreuung muslimischer Kriegsgefangener im preußischen Kriegsministerium tätig gewesen. Von 1933 bis 1942 diente er im Auswärtigen Amt als wissenschaftlicher Hilfsarbeiter und ab 1939 für die Reichsrundfunkgesellschaft des Propagandaministeriums. Idris wurde als Cheflehrer engagiert während Murad aus dem Dienst ausschied. Idris, in Zentralasien aufgewachsen und tatarischer Abstammung, beherrschte die meisten Turksprachen sowie Russisch, Deutsch, Arabisch und Persisch[76]. Einerseits stellte Idris einen profunden Kenner orientalischer Sprachen dar, andererseits war er umstritten. So bekämpfte ihn die tatarische und turkestanische Emigration. Auch kursierten Gerüchte, wonach es sich bei Idris um einen sowjetischen Spion handeln sollte. Diese Vorbehalte entkräftete Olzscha mit dem Verweis, dass er zu einer konspirativen Tätigkeit auch im Auswärtigen Amt oder beim Rundfunk Gelegenheit hätte. Idris stand der deutschen Politik gegenüber der Sowjetunion kritisch gegenüber. Er befürwortete den Einsatz von uzbekischen, kazachischen, wolga- und krimtatarischen Lehrern in Dresden, die jedoch infolge personellen Mangels nicht eingestellt wurden. Eine hauptamtliche Leitung der Mullahschule in Dresden hatte Idris abgelehnt. Der Sohn von Idris, Ildao, war zeitweilig als Dolmetscher ebenfalls an der Schule tätig gewesen. [77]

Zudem hatte sich Olzscha vergebens bemüht das ehemalige Staatsoberhaupt von Azerbajdžan und Vorsitzenden der „Müsavat-Partei" Mehmet Emin Resulzade als Lehrer für die Dresdner Schule zu gewinnen.[78]

Als Olzscha von den Kursen der Wehrmacht erfuhr, setzte er sich mit dem Orientalisten und Spulers Lehrer Professor Richard Hartmann in Verbindung. Dieser hielt die Schnellkurse zur Ausbildung muslimischer Geistlicher für Unfug und vertrat die These, dass eine Vertiefung religiösen Empfindens nur sehr langsam und behutsam vonstattengehen könne. Die Einstellung deutscher und insbesondere christlicher Lehrkräfte lehnte er für diese Klientel ab. Als problematisch bewertete Hartmann in diesem Kontext auch die Rolle des „Großmuftis" von Jerusalem. Es folgten Treffen zwischen Olzscha und Spuler. Hartmann attestierte Olzscha schließlich, dass es in Zentralasien einige Dinge gäbe, die anders als in anderen Verbreitungsgebieten des Islams seien. Dazu zählte er das Sektenwesen, das Tragen

---

[76] Infolge seiner umfangreichen Sprachkenntnisse wurde Idris mit der persischen Übersetzung von Hitlers „Mein Kampf" beauftragt.
[77] Vgl. Pieter Sjoerd van Koningsveld, The Training of Imams of the Third Reich, S.354ff. sowie Patrick von zur Mühlen, Zwischen Hakenkreuz und Sowjetstern, S.39.
[78] Vgl. Patrick von zur Mühlen, Zwischen Hakenkreuz und Sowjetstern, S.142.

bestimmter Amulette und den Aberglauben. Hartmann unterstützte den Dresdner Standort infolge seines angeschlagenen Gesundheitszustandes v.a. mittels Ratschlägen und Gutachten. Nach Dresden selber ist er nicht gekommen. Deswegen wurden Spulers Dienste für den Standort in Augenschein genommen.[79] Das Curriculum entwarf schließlich Idris in Verbindung mit Hartmann. Zu den Fächern zählten arabische Schreib- und Leseübungen, das Lesen des Korans, Kommentare zum Koran, Gebetsübungen und Geschichte des Islams und der islamischen Völker. In der Schule sollten Angehörige aller Völker muslimischen Glaubens der Sowjetunion mit Ausnahme der Nordkaukasier, die man aus sprachlichen Gründen separierte, unterrichtet werden. Dies missfiel der Wehrmacht (OKW), wonach ein Sonderkurs, zu dem es nicht mehr gekommen ist, in Aussicht gestellt wurde.[80]

In Dresden kam schließlich nur ein Kurs für Mullahs nach der Eröffnung der Schule und vor dem Bombardement zustande. Es ist ferner bekannt[81], dass in zwei Klassen unterrichtet wurde. Das Durchschnittsalter betrug 40 Jahre. Die Teilnehmer waren zwischen 30 und 60 Jahren alt. Einige der Teilnehmer erhielten die Bewertung „sehr gut".

Im Rahmen einer Besprechung im SS Hauptamt Anfang Januar 1945 wurde infolge von entsprechenden Empfehlungen von Idris nahegelegt, die Absolventen der Mullahschule nicht als Mullah, sondern als Imame zu bezeichnen.[82]

Der („Groß")Mufti von Jerusalem[83] war seinerseits bemüht, seinen Einfluss auch auf die Dresdner Einrichtung auszudehnen. Er selber, dessen Autorität schon in Nordafrika fraglich erschien, erst recht in der Sowjetunion, versuchte zwar – mit begrenztem Erfolg - eine Autorität aller Muslime zu sein, wurde aber gegen Ende des Krieges auch vom Auswärtigen Amt und vom Reichssicherheitshauptamt kritisch eingeschätzt. Dennoch unterstand die Dresdner Schule in geistlicher Hinsicht al-Husseini, der zur Eröffnung der Schule geladener Gast war. Idris hatte mehrfachen Kontakt zum „Großmufti" unterhalten, wollte dessen Einfluss allerdings begrenzt wissen. Sunniten und Schiiten wurden hier in Dresden gemeinsam unterrichtet. Es bleibt zu vermuten, dass der „Großmufti" mit den zentralasiatischen Muslimen an die Grenzen seiner persönlichen Fähigkeiten und seines internationalen Einflusses geriet.

---

[79] Vgl. Pieter Sjoerd van Koningsveld, The Training of Imams of the Third Reich, S.358ff.
[80] Ebenda, S.361.
[81] Vgl. Peter Heine, Die Mullah-Kurse der Waffen-SS, S.186.
[82] Vgl. Volker Koop, Hitlers Muslime, S.132.
[83] Dieser hielt sich als persönlicher Gast Hitlers von Sommer 1944 bis April 1945 mit seinem Stab im südostsächsischen Oybin auf.

Nach dem Bombardement von Dresden flüchteten ca. 70 Angehörige der Mullahschule und der Arbeitsgemeinschaft Turkestan vor der anrückenden sowjetischen Armee nach Weißenfels/Saale. Olzscha selber begab sich in US-amerikanische Gefangenschaft.

Fazit

Überraschender Weise erweckte die Frage einer turkestanischen Nationalstaatsgründung das Interesse des nationalsozialistischen Deutschlands. Abgesehen von den Spezialisten wie Mayer-Mader, von Mende, Idris, Olzscha oder andererseits dem Exilturkestaner Kajum-Khan oder Baymirza Hayit, die mit Fragen Turkestans unmittelbar befasst waren, vermisst man dennoch eine konsequent betriebene deutsche politische Strategie in Bezug auf Turkestan als Teil einer deutschen Kriegszielplanung im Osten. So galt es zwar den Lebensraum im Osten zu sichern und jede Schwächung der Sowjetunion, so z.b. durch eine turkestanische Nationalstaatsgründung in Zentralasien und damit an ihrer Südflanke zu unterstützen. Ferner galt es hier, an der Schnittstelle von Imperien, den britischen Einfluss zu marginalisieren. Nicht zu vergessen bleibt zudem Stalins Furcht vor einem Bürgerkrieg, der durch nationale Unabhängigkeitsbestrebungen ausgelöst werden konnte.

Sinn macht eine Herauslösung Turkestans aus dem sowjetischen Staatsverband, wenn man sie vor dem Hintergrund seiner geostrategischen Bedeutung als Teil einer deutschen militärischen Gesamtkonzeption vom Kaukasus entlang der Südflanke der Sowjetunion bis nach China unter gleichzeitiger Berücksichtigung japanischer Stellungen in Ostasien und der türkischen bis dato gewahrten Neutralität denkt, die sich letztlich nicht als zuverlässig erwies. Sicherlich hätte ein solches Konzept ungeheure Mengen an deutschen Ressourcen gebunden, über die man entweder nicht ausreichend verfügte oder die man, soweit es Personal betraf, nicht ausreichend ausgebildet hatte. Bei einem anderen Kriegsverlauf gegen die Sowjetunion wäre ein solches Konzept wenigstens diskussionswürdig gewesen. Die Realität verlief anders und selbst das Auswärtige Amt betrachtete Zentralasien nicht als im unmittelbaren Einflussbereich der Deutschen liegend. Nachteilig für eine geschlossene Politik gegenüber der Sowjetunion wirkte sich aus, dass Auswärtiges Amt, Wehrmacht, Ostministerium sowie das Reichssicherheitshauptamt und die SS keine einheitliche stringente Strategie verfolgten, die, so muss man annehmen, ab 1941 auch nicht existierte. Während von Mende die nationalen Bewegungen der Sowjetorientalen befürwortete, setzte die SS auf den Islam als Gegengewicht zum Bolschewismus und fuhr zudem zweigleisig, indem man das Vlasov-Komitee ebenfalls protegierte. In einem waren sich die zahlreichen Akteure allerdings einig: eine turkestanische Nationalstaatsgründung, die man – verspätet – erst nach der türkischen Kriegserklärung an Deutschland zum Teil offizieller Politik machte und öffentlich unterstützte, konnte nur im deutschen Interesse liegen. Ein Kriegseintritt der USA oder die deutschen Niederlagen in der Sowjetunion hatten ein solches Verhalten nicht bewirkt.

Obgleich bereits im Jahre 1941 angedacht, erfolgte eine Ausbildung islamischer Geistlicher durch Deutschland erst ab 1944 und damit zu spät. Zu diesem Zeitpunkt hatte Stalin seine Politik gegenüber Muslimen bereits gelockert und mit den Muftiaten, eins darunter für Zentralasien, neue Struktur verliehen. Mit dem Ziel, den Islam als Gegner des Bolschewismus zu instrumentalisieren, stieß das Dritte Reich an die Grenzen seiner Kapazitäten. Bemühungen des „Großmuftis" von Jerusalem mussten hier genauso ins Leere laufen, wie die Tätigkeit der Arbeitsgemeinschaft Turkestan und der ihr angegliederten Mullahschule. Schließlich blieb die Unterstützung einer turkestanischen Nationalstaatsgründung eine Einmischung in die internen Angelegenheiten der Sowjetunion und der hier lebenden Bevölkerung. Irrelevant bleibt letztlich die Frage, ob es sich bei der Dresdner Einrichtung um eine Form der Militärspionage gehandelt habe. Letztlich trug die angedachte Ausbildung der Geistlichen fragmentarischen Charakter und konnte in der Kürze der Zeit auch keine wesentliche Gesinnungsänderung herbeiführen. Dass sich Wissenschaftler mit Turkestan zu befassen hatten, erscheint vor dem Hintergrund personellen Mangels und benötigtem Sachverstand im Rahmen von angestrebter deutscher Großmachtpolitik allerdings logisch. Einer solchen wissenschaftlich-militärischen Einrichtung hätte es allerdings viel eher bedurft, wenn eine deutsche Politik in Zentralasien, an der Schnittstelle von Imperien mit einem eigenständigen Konzept, von Erfolg hätte gekrönt sein sollen. Die baldige Kapitulation des Dritten Reiches beendete schlaglichtartig auch turkestanische Visionen.

BEI GRIN MACHT SICH IHR WISSEN BEZAHLT

- Wir veröffentlichen Ihre Hausarbeit,
  Bachelor- und Masterarbeit

- Ihr eigenes eBook und Buch -
  weltweit in allen wichtigen Shops

- Verdienen Sie an jedem Verkauf

Jetzt bei www.GRIN.com hochladen
und kostenlos publizieren